# UNIFORMITÀ ALLA VOLONTÀ DI DIO

## SEGUITO DA « BREVE DOTTRINA CRISTIANA »

SANT' ALFONSO MARIA DE' LIGUORI

ALICIA EDITIONS

# INDICE

Dell' Uniformità alla Volontà
di Dio                                    1

### BREVE DOTTRINA CRISTIANA

| | |
|---|---:|
| I | 53 |
| II | 56 |
| III | 57 |
| IV | 59 |
| V | 62 |

# DELL' UNIFORMITÀ ALLA VOLONTÀ DI DIO

Tutta la nostra perfezione consiste nell'amare il nostro amabilissimo Dio: *Charitas est vinculum perfectionis.* (Col. 3.14). Ma tutta poi la perfezione dell'amore a Dio consiste nell'unire la nostra alla sua santissima volontà. Questo già è il principale effetto dell'amore, dice S. Dionigi Areopagita (de Div. Nom. c. 4.) l'unire le volontà degli amanti, sicchè abbiano lo stesso volere. E perciò quanto più alcuno sarà unito alla divina volontà, tanto sarà maggiore il suo amore. Piacciono sibbene a Dio le mortificazioni, le meditazioni, le communioni, le opere di carità verso il prossimo; ma quando? quando sono secondo la sua volontà; ma quando non vi è la volontà di Dio, non solamente egli non le gradisce, ma le abbomina, e le castiga. Se mai vi sono due servi, l'un de' quali fatica tutto il giorno senza riposare, ma vuol fare ogni cosa a suo modo, l'altro fatica meno, ma ubbidisce in tutto: certamente il padrone amerà questo secondo, e non il primo. Che servono l'opere nostre allà gloria di Dio, quando non sono secondo il suo beneplacito? Non vuole il Signore sacrifici (dice il Profeta a Saulle), ma l'ubbidienza ai suoi voleri: *Numquid vult Dominus holocausta, et victimas, et non potius, ut obediatur voci Domini?.. Quasi scelus idolatriae est nolle acquiescere.* (1 Reg. 15.22) L'uomo, che vuole operare per propria volontà senza quella di Dio, commette una specie d'Idolatria, poiché allora in vece di adorare la volontà divina, adora in certo modo la sua.

Questa dunque è la maggior gloria, che noi possiamo dare a Dio, l'adempire in tutto i suoi santi voleri. Il nostro Redentore, che venne in terra a stabilire la divina gloria, questo principalmente venne ad insegnarci col suo esempio. Padre: *Hostiam et oblationem noluisti, corpus autem aptasti mihi; tunc dixi ecce venio, ut faciam, Deus, voluntatem tuam.* (Heb. 10.5) Voi avete rifiutate le vittime, che v' hanno offerte gli uomini; voi volete, ch' io vi sacrifichi il corpo, che m' avete dato, eccomi pronto a fare la vostra volontà. E di ciò si protestò più volte, ch' egli era venuto in terra non a fare la sua, ma solamente la volontà del suo Padre: *Descendi de caelo, non ut faciam voluntatem meam, sed voluntatem ejus qui misit me.* (Jo 6.38) Ed in ciò volle, che' l mondo avesse conosciuto l'amore, che gli portava al suo Genitore, in ubbidire alla sua volontà, che lo volea sagrificato sulla croce per la salute degli uomini; così appunto disse nell'orto, allorchè andò all'incontro ai suoi nemici, che venivano a prenderlo per condurlo alla morte: *Ut cognoscat mundus, quia diligo Patrem, et sicut mandatum dedit Pater, sic facio; surgite, eamus hinc.* (Jo 14.31) Ed in ciò disse, ch' egli riconoscea che fosse suo fratello, chi avesse fatta la divina volontà: *Qui fecerit voluntatem Patris mei... ipse meus frater* (Matth 12.50).

Tutti i Santi in ciò hanno avuta sempre fissa la mira in fare la divina volontà, ben intendendo, che qui consiste tutta la perfezione d'un'anima.. Diceva il B. Errico Susone (l. 2. c. 4) *Dio non vuole, che noi abbondiamo de' lumi, ma che in tutto ci sottomettiamo alla sua volontà.* E S. Teresa: *Tutto quello, che dee procurare chi si esercita nell'orazione, è di conformare la sua volontà alla divina; e si assicuri, che in questo consiste la più alta perfezione. Chi più eccellentemente la praticherà, riceverà da Dio i più gran doni, e farà più progressi nella vita interiore.* La B. Stefana da Soncino Domenicana essendo un giorno in visione condotta in cielo vide alcune persone defonte, ch' ella avea conosciute, collocate tra i Serafini, e le fu detto, che quelle erano state sublimate a tanta gloria per la perfetta uniformità, che aveano avuta in terra alla volontà di Dio, che un Serafino colla mia.

In questa terra dobbiamo apprendere dai Beati del cielo come abbiamo da amare Dio. L'amor puro, e perfetto, che i Beati in cielo hanno per Dio, è nell'unirsi perfettamente alla sua volontà. Se i Serafini intendessero esser suo volere, che s'impiegassero per tutta l'eternità ad ammucchiare le arene de' lidi, o a svellere l'erbe de' giardini, volentieri lo farebbero con tutto il lor piacere. Più; se Dio facesse loro intendere, che andassero ad ardere nel fuoco dell'Inferno, immediatamente si butterebbero in quell'abisso per fare la divina volontà. E questo è quello, che c'insegnò a pregare Gesù Cristo, cioè l'eseguire la volontà divina in terra, come la fanno i santi in cielo: *Fiat voluntas tua sicut in caelo et in terra.* (Matth. 6.9)

Il Signore chiamava David l'uomo secondo il suo cuore, perché David adempiva tutti i suoi voleri: *Inveni virum secundum cor meum, qui faciet omnes voluntates meas.* (Act 13.22) Davide stava sempre apparecchiato ad abbracciare la divina volontà, come spesso si protestava: *Paratum cor meum. Deus, paratum cor meum.* (Ps. 58.8 et Ps. 107.1) E d'altro non supplicava il Signore, che d'insegnarli a fare la sua volontà: *Doce me facere voluntatem tuam.* (Ps. 142.10) Un atto di perfetta uniformità al divino volere basta a fare un santo. Ecco Saulo mentre va perseguitando la Chiesa, Gesù Cristo l'illumina, e lo converte. Che fa Saulo? che dice? non fa altro, che offerirsi a fare la sua vononta*: Domine, quid me vis facere?* (Act 9.6) Ed ecco, che' l Signore lo dichiara vaso d'elezione, ed Apostole deele genti*: Vas ecectionis est mihi iste, ut portet nomen meum coram gentibus.* (Act 9.15) Sì perché quegli, che dà la sua volontà a Dio, gli dà tutto; chi gli dà le robe colle limosine, il sangue col flagellarsi, i cibi co' digiuni, dona a Dio parte di ciò, che tiene; ma chi gli dona la sua volontà, gli dona tutto, onde può dirgli: Signore, io son povero, ma vi dono tutto quel che posso; dandovi la mia volontà, non ho più che darvi. Ma questo appunto è il tutto, che da noi pretende il nostro Dio: *Fili mi, praebe cor tuum mihi.* (Prov 23.1) Figlio, dice il Signore a ciascuno, figlio, dammi il tuo cuore, cioè la tua volontà. *Nihil gratius Deo* (parla S. Agostino) *possumus ei offerre, quam ut dicamus ei: Posside nos.* No, che non possiamo offerire a Dio cosa più cara, che con dirgli: Signore possedeteci voi; noi vi doniamo tutta la nostra volontà, fateci intendere quello che da noi volete, e noi l'eseguiremo.

Se dunque vogliamo compiacere appieno il cuore di Dio, procuriamo in tutto di conformarci alla sua divina volontà; e non solo di conformarci, ma uniformarci a quanto Dio dispone. La conformità importa, che noi congiungiamo la nostra volontà alla volontà di Dio; ma l'uniformità importa di più, che noi della volontà divina, e della nostra ne facciamo una sola, sì che non vogliamo altro se non quello, che vuole Dio, e la sola volontà di Dio sia la nostra. Ciò è il sommo della perfezione, a cui dobbiamo sempre aspirare; questa ha da esser la mira di tutte le nostre opere, di tutti i desideri, meditazione, e preghiere. In ciò abbiamo da pregare ad ajutarci tutti i nostri santi Avvocati, i nostri Angeli Custodi, e sopratutto la divina Madre Maria, la quale perciò fu la più perfetta di tutti i Santi, perché più perfettamente ella abbracciò sempre la divina volontà.

Ma il forte sta nell'abbracciare la volontà di Dio in tutte le cose che avvengono o prospere, o avverse ai nostri appetiti. Nelle cose prospere anche i peccatori ben sanno uniformarsi alla divina volontà; ma i santi si uniformano anche nelle contrarie, e dispiacenti all'amor proprio. Qui si vede la perfezione del nostro amore a Dio. Diceva il V. S. Giovanni Avila: *Vale più un benedetto sia Dio nelle cose avverse, che sei milia ringraziamenti nelle cose a voi dilettevoli.*

Di più bisogna uniformarci al divina volere, non solo nelle cose avverse, che ci vengono direttamente da Dio, come sono le infermità, le desolazioni di spirito, la povertà, laorte de' parenti, e simili; ma ancora in quelle, che ci vengono per mezzo degli uomini, come sono i dispregi, l'infamie, l'ingiustizie, i furti, e tutte le sorte di persecuzioni. In ciò bisogna intendere, che quando noi siamo offesi da alcuno nella fama, nell'onore, ne' beni, benchè il Signore non voglia il peccato di colui, vuole nondimeno la nostra umiliazione, la nostra povertà, e mortificazione. E' certo, e di fede, che quanto avviene nel mondo, tutto avviene per divina volontà. *Ego Dominus formans lucem et tenebras, faciens pacem, et creans malum.* (Is. 45.7) Da Dio vengono tutti i bene e tutti i mali, cioè tutte le cose a noi contrarie, che noi chiamiamo falsamente mali; perché in verità sono beni, quando noi gli prendiamo dalle sue mani. *Si erit malum in civitate, quod Dominus non fecerit?* disse il Profeta Amos 3.6. E prima lo disse il Savio; *Bona et mala, vita et mors a Deo sunt.* (Eccl. 12.14) E' vero, come ho detto, che allorchè un uomo ti offende ingiustamente, Dio non vuole il peccato di colui, nè concorre alla malizia della di lui volontà; ma ben concorre col concorso generale all'azione materiale, colla quale quel tale ti percuote, ti ruba o t' ingiuria; sì che l'offesa, che tu patisci, certamente la vuole Dio, e dalle sue mani ti viene.

Perciò il Signore disse a Davide, ch' egli era l'autore dell'ingiurie, che dovea fargli Assalonne, sino a torgli le mogli davanti ai suoi occhi; e ciò in castigo de' suoi peccati: *Ecce ego suscitabo super te malum de domo tua, et tollam uxores tuas in oculis tuis, et dabo proximo tuo.* (2 Reg. 12.11) Perciò disse anche agli Ebrei, che in pena delle loro iniquità avrebbe mandati gli Assiri a spogliarli, e rovinarli: *Assur virga furoris mei ... mandabo illi ut auferat spolia, et diripiat praedam.* (Is. 10.5) Spiega S. Agostino: *Impietas eorum tamquam securis Dei facta est.* (In Ps. 37) Dio si servì dell'iniquità degli Assiri, come d'una mannaja per castigare gli Ebrei. E Gesù medesimo disse a S. Pietro, che la sua passione, et morte, non tanto gli veniva dagli uomini, quanto dal suo medesimo Padre: *Calicem quem dedit mihi Pater, non vis ut bibam illum?*

Giobbe allorchè venne il nunzio (che vogliono essere stato il demonio) a dirgli, che i Sabei si aveano tolte tutte le di lui robe, e gli aveano uccisi i figli; il Santo che rispose: *Do-*

*minus dedit, Dominus abstulit.* (1.21) Non disse il Signore m' ha dati i figli, i beni, ed i Sabei me gli han tolti; ma il Signore me gli ha dati, ed il Signore gli ha tolti; perché bene intendeva, che quella perdita era voluta da Dio, e perciò soggiunse*: Sicut Domino placuit, ita factum est: sit nomen Domini benedictum.* (ibid) Non bisogna dunque prendere i travagli, che ci avvengono, come succeduti a saco, o per sola colpa degli uomini, bisogna star persuaso, che quanto ci accade, tutto accade per volontà divina*: quicquid hic accedit contra voluntatem nostram, noveris non accidere nisi de voluntate Dei.* (D. August. in Ps. 148. Epitetto, ed Atone, Rosweid. l.1), felici Martiri di Gesù Cristo, posti dal Tiranno alla tortura, stracciati con uncini di ferro, brustoliti con torce ardenti, altro non diceano: Signore, si faccia in noi la tua volontà. E giunti al luogo del supplicio, proferirono ad alta voce: Siate benedetto, o Dio eterno, poiché la vostra volontà è stata in noi adempita in tutto.

Narra Cesario (lib. 10, c.6) che un certo

Religioso, benchè non fosse punto differente dagli altri nell'esterno, non però era giunto a tal santità, che col solo tatto delle sue vesti guariva gl'infermi. Il suo Superiore di ciò maravigliandosi gli disse un giorno, come mai facesse tali miracoli, non facendo una vita più esemplare degli altri. Quegli rispose, che ancor esso se ne maravigliava, e che non ne sapeva il perché. Ma qual divozione voi praticate, ripigliò l'Abbate? Rispose il buon Religioso ch' egli niente o poco faceva, se non che aveva sempre avuta un gran cura di volere solo ciò, che Dio voleva, e che il Signore gli aveva fatta questa grazia, di tenere abbandonata la sua volontà totalmente in quella di Dio. La prosperità (disse) non mi solleva, nè l'avversità mi abbatte, perché io prendo ogni cosa dalle mani di Dio, ed a questo fine tendono tutte le mie orazioni, cioè, che la sua volontà perfettamente in me si adempia. E di quel danno (ripigliò il Superiore), che l'altr' jeri ci fece quel nostro nemico in toglierci il nostro sostentamento, mettendo fuoco al podere dov' erano le nostre biade, i nostri bestiami, voi non aveste alcun risentimento? No, Padre mio, egli rispose; ma al contrario ne rendei grazie a Dio, come lo soglio fare in simili accidenti, sapendo che Dio tutto fa, o permette per gloria sua, e per nostro maggio bene, e con ciò vivo sempre contento per ogni cosa, che avviene. Ciò inteso l'Abbate, vedendo in quell'anima tanta uniformità alla volontà divina, non restò più maravigliato, che facesse sì gran miracoli.

Chi fa così, non solo si fa santo, ma gode ancora in terra una pace perpetua. Alfonso il grande (Panorm. in Vita) Re di Aragona, Principe savissimo, interogato un giorno, qual'uomo stimasse più felice in questo mondo? Rispose, quello il quale si abbandona nella volontà di Dio, e che riceve tutte le cose prospere, ed avverse dalle sue mani.

*Diligentibus Deum omnia cooperantur in bonum.* (Rom 8) Gli amanti di Dio vivon sempre contenti, perché tutto il loro piacere è di adempire anche nelle cose contrarie la divina volontà; onde gli stessi travagli si convertono loro in contenti, pensando che con accettarli dan gusto al loro amato Signore: *Non contristabit justum quidquid ei acciderit.* (Prov 10.11) Ed in fatti qual maggior contento può mai provare un uomo, che in veder adempiuto quanto egli vuole? Or quando alcuno non vuole se non quello, che vuole Dio, avvenendo già sempre tutto ciò, che avviene nel mondo (fuori del peccato) per volontà di Dio, avviene in conseguenza quanto esso vuole. Si narra nelle Vite de' Padri d'un contadino, i cui terreni rendeano maggior frutto degli altri; dimandato questi, come ciò accadesse, rispose, che di ciò non si maravigliassero, perch' egli avea sempre i tempi, come li voleva; e come? Sì, replicò, perché io non voglio altro tempo, se non quello, che vuole Dio, e conforme io voglio quel, che Dio vuole, così egli mi dà i frutti, come li vogl'io. L'anime rassegnate, dice il Salviano, se sono umiliate, questo vogliono: se patiscono povertà, vogliono esser povere; in somma quanto gli avviene, tutto lo vogliono: e perciò sono in questa vita felici: *Humiles sunt, hoc volunt; pa-*

*peres sunt, paupertate delectantur; itaque beati dicendi sunt.* Viene il freddo, il caldo, la pioggia, il vento, che piova, perché così vuole Dio. Viene la povertà, la persecuzione, l'infermità, la morte, ed io voglio (colui dice) esser povero, perseguitato, infermo; voglio anche morire, perché così vuole Dio.

Questa è la bella libertà, che godono i Figli di Dio, che vale più delle Signorie, e di tutti i Regni della terra. Questa è la gran pace, che provano i Santi, la quale *exuperat omnem sensum.* (Eph. 3.2), avanza tutti i piaceri de' sensi, tutti i festini, i banchetti, gli onori, e tutte l'altre soddisfazioni del mondo, le quali, perché sono vane, e caduche, benchè allettano il senso per quei momenti in cui si assagiano, nondimeno non contentano, ma affliggono lo spirito, dove sta il vero contento; che perciò Salomone, dopo aver goduto al sommo di tai diletti mondani, esclamava afflitto*: Sed et hoc vanitas, et afflictio spiritus.* (Ecclesiast. 4.6) Stultus (dice lo Spirito Santo) *sicut luna mutatur, sapiens in sapientia manet sicut vult. . .* (Eccl.

27.12) Lo stolto, cioè il peccatore si muta come la luna, ch' oggi cresce domani manca: oggi lo vedrai ridere, domani piangere: oggi mansueto, domani stizzato, come una tigre; e perché? perché la sua contezza dipende dalle prosperità, o avversità, che incontra, e perciò si muta, come si mutano le cose che gli accadono. Ma il giusto è come il sole sempre uguale nella sua serenità, in qualsivoglia cosa, che succede; perché il suo contento è nell'uniformarsi alla divina volontà, e perciò gode una pace imperturbabile. *Et in terra pax hominibus bonae vluntatis* (Luc. 2.15), disse l'Angelo ai Pastori. E chi mai sono quest' uomini di buona volontà, se non coloro, che stan sempre uniti alla volontà di Dio, ch' è sommamente buona, e perfetta? *Voluntas Dei bona, beneplacens, et perfecta.* Sì, perché Dio non vuole, che' l meglio, e' l più perfetto.

I Santi in questa terra nell'uniformarsi alla volontà divina han goduto un Paradiso anticipato. I Padri antichi, dice S. Doroteo, che così si conservavano in gran pace, con prendere ogni cosa dalle mani di Dio. S. Maria Madalena de' Pazzi in sentir solamente nominare *Volontà di Dio,* si sentiva consolare, che usciva fuor di se in astasi d'amore. Non mancheranno per altro le punture delle cose avverse a farsi sentire dal senso, ma tutto ciò non avverrà, che nella parte inferiore; ma nella superiore dello spirito regnerà la pace, e la tranquillità, stando la volontà unita a quella di Dio. *Gaudium vestrum* (disse il Redentore agli Apostoli) *nemo tollet a vobis. Gaudium vestrum sit plenum.* (Jo 16.22) Chi sta sempre uniformato alla divina volontà, ha un gaudio pieno, e perpetuo: pieno, perché ha quanto vuole, come di sopra s'è detto: perpetuo, perché un tal gaudio niuno ce lo può togliere, mentre niuno può impedire, che non avvenga quel, che Dio vuole.

Il P. Giovan Taulero (appresso il P. Sangiurè Erar. to 3, e' l P. Nieremb. Vita Div.) narra di se stesso, che avendo egli pregato per molti anni il Signore a mandargli chi gli insegnasse la vera vita spirituale, un giorno udì una voce, che gli disse: Va alla tal Chiesa, ed alla porta trova un misero mendico, scalzo, e tutto lacero; lo saluta: Buon giorno, amico. Il povero risponde: Signor maestro, io non mi ricordo giammai d'aver avuto un giorno cattivo. Il Padre replicò: Iddio vi dia una felice vita. Ripigliò quegli; Ma io non sono stato mai infelice. E poi soggiunse: Udite, Padre mio, non a caso io ho detto non aver avuto alcun giorno cattivo, perché quando ho fame, io lodo Dio; quando fa neve, o pioggia io lo benedico: se alcuno mi disprezza, mi scaccia, se provo altra miseria, io sempre ne do gloria al mio Dio. Ho detto poi, che non sono stato mai infelice, e ciò anch' è vero, poich' io sono avvezzo a volere tutto ciò, che vuole Dio senza reserba; perciò tutto quel, che m' avviene o di dolce, o di amaro, io lo ricevo dalla sua mano con allegrezza, come il meglio per me, e questa è la mia felicità.E se mai, ripigliò il Taulero, Dio vi volesse dannato, voi che direste? Se Dio ciò volesse (rispose il mendico), io coll'umiltà, e coll'amore mi abbraccierei col mio Signore, e lo terrei sì forte, che se egli volesse precipitarmi all'Inferno, sarebbe necessitato a venir meco, e così poi mi sarebbe più dolce essere con lui nell'inferno, che posseder senza lui tutte le delizie del cielo. Dove avete trovato voi Dio, disse il Padre? E quegli: Io l'ho trovato, dove ho lasciate le creature. Voi chi siete? E' l povero: Io sono Re. E dove sta il vostro Regno? Sta nell'anima mia, dove io tengo tutto ordinato, le passioni ubbidiscono alla ragione, e la ragione a Dio. Finalmente il Taulero gli domandò, che cosa l'avea condotto a tanta perfezione? E' stato (rispose) il silenzio, tacendo cogli uomini per parlare con Dio; e l'unione, che ho tenuta col mio Signore, in cui ho trovata, e trovo tutta la mia pace. Tale in somma fu questo povero per l'unione, ch' ebbe colla divina volontà; egli fu certamente nella sua povertà più ricco, che tutti i Monarchi della terra, e ne' suoi patimenti più felice che tutti i mondani colle loro delizie terrene.

O la gran pazzia è quella di coloro, che ripugnano alla divina volontà; hanno già essi da soffrire i travagli, perché niuno mai può impedire, che non si eseguiscano i divini decreti. *Voluntati ejus quis resistet?* (Rom 9.19) Ed all'incontro l'han da soffrire senza frutto, anzi con tirarsi sopra maggiori castighi per l'altra vita, e maggior inquietudine in questa. *Quis restitit ei, et pacem habuit?* (Job 24) Gridi quanto vuole quell'infermo ne' suoi dolori, quel povero nelle sue miserie si lamenti di Dio, si arrabbi, bestemmi quanto gli piace, che ne caverà, se non far doppio il suo male? *Quid quaeris homuncio quaerendo bona?* (dice S. Agostino) *quare unum bonum, in quo sunt omnia bona.* Che vai cercando, omicciuolo, fuori del tuo Dio? trova Dio, unisciti, stringiti colla sua volontà, e viverai sempre felice in questa, e nell'altra vita.

E che altro in somma vuole il nostro Dio, se non il nostro bene? Chi mai possiamo trovare, che ci ami più di Dio? Altra non è la sua volontà, non solo che niuno si perda, ma che tutti si salvino, e si facciano santi. *Nolens aliquos perire, sed omnes ad poenitentiam reverti.* (2 Petr. 3.9) *Voluntas Dei sanctificatio vestra.* (1

Thess. 4.3) Iddio nel nostro bene ha collocata la sua gloria, poiché essendo egli per sua natura bontà infinita, come dice S. Leone, *Deus cujus natura bonitas*; e la bontà desiderando per sua natura di diffondersi, Iddio ha un sommo desiderio di far participi l'anime de' suoi beni, e della sua felicità. E se ci manda tribulazioni in questa vita, tutte sono per nostro bene. *Omnia cooperantur in bonum.* (ad Rom. 8.28) Ancora i castighi, come disse la santa Giuditta, non ci vengono da Dio per la nostra rovina, ma affinchè ci emendiamo, e salviamo: *Ad emendationem, non ad perditionem nostram evenisse credamus.* (Jud. 8.17) Il Signore affin di salvarci dai mali eterni, ne circonda colla sua buona volontà. *Domine ut scuto bonae voluntatis tuae coronasti nos.* (Ps 5.1) Egli non solamente desidera, ma è sollecito della nostra salute. *Deus solicitus est mei.* (Ps 29.18) E qual cosa ha donato il suo medesimo Figlio? *Qui proprio Filio suo non pepercit, sed pro nobis omnibus tradidit illum; quomodo non etiam cum illo omnia nobis donavit?* (Rom 8.32) Con questa confidenza dunque dobbiamo abbandonarci nelle divine disposizioni, che tutte sono per nostro bene. Diciamo sempre in ogni cosa, che ci avviene: *In pace in idipsum dormiam, et requiescam, quoniam tu, Domine, singulariter in spe constituisti me.* (Ps 4) Mettiamci pure tutti in mano sua, perch' egli certamente avrà cura di noi: *Omnem sollicitudinem vestram projicientes in eum, quoniam ipsi cura est de vobis.* (1 Petr. 5.7) Pensiamo poi a Dio, ad adempire la sua volontà, ch' egli penserà a noi, ed al nostro bene. Figlia (disse il Signore a S. Caterina di Siena) pensa tu a me, ed io penserò sempre a te. Diciamo sovente colla sacra Sposa: *Dilectus meus mihi, et ego illi.* (Cant. 2.6) L'amato mio pensa al mio bene, io non voglio pensare ad altro, che a dargli gusto, e ad uniformarmi in tutto ai suoi santi voleri. Dicea il santo Abbate Nilo, che non dobbiamo già noi pregare il Signore, che faccia succedere quello, che noi vogliamo, ma che si adempisca in noi la sua volontà. E quando poi ci accadono le cose avverse, accettiamole tutte dalle divine mani, non solo con pazienzia, ma con allegrezza, ad esempio degli Apostoli, *che ibant gaudentes a conspectu concilii, quoniam digni habiti sunt pro nomine Jesu contumeliam pati.* (Act 5.41) E qual maggior contento d'un'anima, che soffrendo qualche travaglio, sa, che col soffrirlo di buona voglia, dà il maggior gusto a Dio, che possa dargli! Dicono i Maestri di spirito, che sebbene gradisce Iddio il desiderio, che hanno alcune anime di patire per dargli gusto, più nondimeno gli piace l'uniformità di quelle, che non vogliono nè godere, nè patire; ma tutte rassegnate nel suo santo volere altro non desiderano, che di adempiere quel ch' egli vuole.

Se vuoi dunque, anima divota, piacere a Dio, e vivere in questa terra una vita contenta, unisciti sempre, ed in tutto alla divina volontà. Pensa, che tutti i peccati della tua vita sconcertata, ed amara ch' hai fatta, son succeduti, perché ti sei scostata dalla volontà di Dio. Abbracciati da oggi avanti col divino beneplacito; e di sempre in tutto ciò, che ti accade: *Ita Pater, quoniam sic fuit placitum ante te.* (Matt. 11.16) Così, Signore, sia fatto, perché così è piaciuto a voi. Quando ti senti turbata da qualche avvienimento avverso, pensa che quello è venuto da Dio; onde subito dì, *Così vuole Dio*, e mettiti in pace. *Obmutui, et non aperui os meum, quoniam tu fecisti.* (Ps 38) Signore, giacchè voi l'avete fatto io non parlo, e l'accetto. A questo intento bisogna, che indrizzi tutti i tuoi pensieri, e le tue orazioni, cioè a procurare, e pregare sempre Dio, nella meditazione, nella Comunione, nella visita al Ss. Sacramento, che ti faccia adempire la sua volontà. E tu offerisciti sempre, dicendo: Mio Dio, eccomi, fanne di me, e di tuute le cose mie quel che vuoi. Questo era l'esercizio continuo di S. Teresa; almeno cinquanta volte il giorno la Santa si offeriva al Signore, acciocchè acesse di lei disposto, come gli fosse piaciuto.

O beato te, mio lettore, se farai sempre così! ti farai certamento santo; e farai una vita contenta, ed una morte più felice. Quando alcuno passa all'altra vita, tutta la speranza, che si concepisce della sua salvazione, si scorge dall'intendere, se quegli è morto rassegnato, o no. Se tu. come avrai abbracciato in vita tutte le cose venute da Dio, così anche abbraccierai la morte per adempire la sua divina volontà, certamente ti salverai, e morirai da santo. Abbandoniamoci dunque in tutto al beneplacito di quel Signore, ch' essendo sapientissimo, poiché ha data la vita per nostro amore, vuol anche il meglio per noi. Siam pur sicuri, e persuasi, dice S. Basilio, che senza comparazione meglio procura Dio il nostro bene, di ciò, che noi possiamo mai fare, e desiderare.

Ma veniamo a vedere intorno alla pratica in quali cose abbiamo da uniformarci alla volontà di Dio.

Per 1. dobbiamo uniformarci nelle cose naturali, che avvengono fuor di noi, come quando fa gran caldo, gran freddo, pioggia, carestia, pestilenza, e simili. Guardiamci di dire: Che caldo insopportabile! che freddo orribile! che disgrazia! che mala forte! che tempo infelice! od altri termini, che dimostrino ripugnanza alla volontà di Dio. Noi dobbiamo volere ogni cosa, com' ella è, perché Dio è quegli, che dispone tutto. S. Francesco Borgia, andando una notte ad una casa della Compagnia, mentre fioccava, bussò più volte, ma perché i Padri dormivano, non gli fu aperto. Fatto giorno, molto si rammaricarono quelli d'averlo fatto aspettare così allo scoperto; ma il Santo disse di aver ricevuta in quel tempo una gran consolazione, in pensare, che Dio era quegli, che gli gittava addosso quei fiocchi di neve.

Per 2. dobbiamo uniformarci elle cose, che avvengono dentro di noi, come nel patir fame, sete, povertà, desolazioni, disonori. In tutto dobbiamo dir sempre: Signore fate e disfate voi, io son contento: voglio solo quel, che volete voi. E così anche dice il P. Rodriguez, che dobbiamo rispondere per quali finti casi, che il demonio ci mette alle volte in mente, affin di farci cadere in qualche cattivo consenso, o almeno per inquietarci. Se il tale ti dicesse la tal parola, se ti facesse la tale azione, che diresti? che faresti? Rispondiamo sempre: *Direi, e farei quel che vuole Dio*. E così ci libereremo da ogni difetto, e molestia.

Per 3. Se abbiamo qualche difetto naturale, d'anima o di corpo, mala memoria, ingegno tardo, poca abilità, membro storpio, salute debole, non ce ne lamentiamo. Che merito avevamo noi, e qual obbligo avea Dio di darci una mente più sublime, un corpo meglio fatto? non poteva egli crearci brutti? non lasciarci nel nostro niente? Chi mai riceve qualche dono, e va cercando patti? Ringraziamolo dunque di ciò, che per sua mera bontà ci ha donato, e contentiamoci del come ci ha fatti. Chi sa, se avendo noi maggior talento, sanità più forte, viso più grazioso, ci avevamo a perdere? A quanti il loro talento, e scienza è stata occasione di perdersi coll'invanirsene, e dispregiare gli altri; nel quale pericolo sono più facilmente coloro, che avanzano gli altri nelle scienze, e ne' talenti? A quanti altri la bellezza, o la fortezza del corpo, è stata occasione di precipitare in mille scelleraggini? Ed all'incontro quanti altri per esser poveri, o infermi, o deformi di fattezze, si son fatti santi, e salvati? che se fossero stati ricchi, sani, o belli d'aspetto, si sarebbon dannati. E così contentiamoci di quel, che Dio ci ha dato. *Porro unum est necessarium* (Luc 10.42) Non è necessaria la bellezza, non la sanità, non l'ingegno acuto; solo il salvarci è necessario.

Per 4. bisogna, che specialmente stiamo rassegnati nelle infermità corporali, e bisogna, che l'abbracciamo volentieri, ed in quel modo, e per quel tempo, che vuole Dio. Dobbiamo sibbene adoperarvi i rimedi ordinari, perché così vuole ancora il Signore, ma se quelli non giovano, uniamoci colla volontà di Dio, che ci gioverà molto più della sanità. Signore, diciamo allora, io non voglio guarire, nè stare infermo, voglio solo quel che volete voi. Certamente è maggior virtù nelle malattie il non lamentarsi de' dolori; ma allorchè questi fortemente ci affliggono, non è difetto il palesarli agli amici, ed anche il pregare il Signore, che ce ne liberi. Intendo ne' dolori grandi, poichè all'incontro molto difettano in ciò alcuni altri, che ad ogni semplice dolore, o fastidio vorrebbero, che tutto il mondo venisse a compatirli, ed a pianger loro d'intorno. Del resto anche Gesù Cristo, vedendosi vicino alla sua amarissima passione, palesò la sua pena ai discepoli: *Tristis est anima mea usque ad mortem.* (Mat. 26.38) e pregò l'eterno suo Padre a liberarnelo; *Pater mi, si possibilie est, transeat a me calix iste.* (ibid 39) Ma Gesù stesso c'insegnò quel che dobbiamo fare dopo simili preghiere, cioè rassegnarci subito nella divina volontà, col soggiungere: *Verumtamen, non sicut ego volo, sed sicut tu.*

Quale sciocchezza è poi quella coloro, che dicono desiderar la salute, non bià per patire, ma per maggiormente servire il Signore, in osservar le regole, servir la comunità, andar alla Chiesa, far la Comunione, far penitenza, studiare, impiegarsi nella salute dell'anime confessando, predicando? Ma io dimando, divoto mio, dimmi, perché tu desideri di far queste cose? per dar gusto a Dio? E che vai cercando, quando sei certo, che il gusto di Dio non è, che facci orazione, Comunioni, penitenze, studi, o prediche, ma che soffri con pazienza, quell'infermità, e quei dolori, che ti manda? Unisci allora i tuoi dolori con quelli di Gesù Cristo. Ma mi dispiace, che stando così infermo sono inutile, e di pese alla comunità, alla casa. Ma conforme voi vi rassegnate alla volontà di Dio, così dovete credere, che i vostri Superiori anch'essi si rassegnino, vedendo che voi non per vostra pigrizia, ma per voler di Dio apportiate questo peso alla casa. Eh che questi desideri, e lamenti, non nascono dall'amore di Dio, ma dall'amor proprio che va cercando pretesti per allontanarti dalla volontà di Dio. Vogliamo dar gusto a Dio? Diciamo allora, che ci vediamo confinati in un letto, diciamo al Signore questa sola parola, fiat voluntas tua; e questa replichiamo sempre cento, e mille volte, che con questa sola daremmo più gusto a Dio, che non gli daressimo con tutte le mortificazioni, e divozioni, che possiamo fare. Non ci è meglior modo di servire a Dio, che abbracciando allegramente la sua volontà. Il V. P. M. Avila (Epist.2) scrisse ad un Sacerdote infermo: *Amico non stare a fare il conto di quel, che faresti essendo sano, ma contentati di stare infermo per quanto a Dio piacerà. Se tu cerchi la volontà di Dio, che cosa più t' importa lo istar sano, che infermo?* E certamente ben disse ciò, perché Dio non viene già glorificato dalle opere nostre, ma dalla nostra rassegnazione, e conformità al suo Santo volere. Perciò diceva ancora S. Francesco di Sales, che si serve più Dio col patire, che coll'operare.

Molte volte ci mancheranno i medici, le medicine, o pure il medico non giungerà a conoscere la nostra infermità, ed in ciò anche bisogna, che ci uniformiamo alla divina volontà, la quale ciò dispone per nostro bene. Si arra d'un uomo divoto di S. Tommaso Cantuariense (l. 5, c. 1) ch' essendo infermo andò al sepolcro del Santo per ottenere la sanità. Ritornò sano alla Patria, ma poi disse fra se: mae l'infermità più mi giovasse a salvarmi, questa sanità che mi serve? Con questo pensiero ritornò al sepolcro, e pregò il Santo, che chiedesse a Dio quello, che gli era più espediente per la salute eterna, e fatto ciò ricadde nell'infermità, ed egli se ne stette tutto ciò contento, tenendo per fermo, che Dio così disponeva per suo bene. Narra il Surio similmente, che un cieco ricevè la vista per intercessione di S. Bedasto Vescovo; ma dopo fece orazione, che se quella vista non era espediente per l'anima sua, tornasse ad esser cieco, ed avendo orato, rimase cieco, come prima. Allorchè dunque stiamo infermi, il meglio è che non cerchiamo nè l'infermità, nè la sanità, ma ci abbandoniamo nella volontà di Dio, acciò disponga di noi come li piace. Ma se vogliamo cercar la sanità, domandiamola almeno sempre con rassegnazione, e con condizione, se la sanità del corpo è conveniente alla salute dell'anima: altrimenti una tal preghiera sarà difettosa, nè sarà esaudita, poiché il Signore non esaudisce tali sorte di preghiere non rassegnate.

Il tempo dell'infermità io lo chiamo pietra di paragone degli spiriti, perché in quello si scopre di qual carato è la virtù, che possiede un'anima. Se quella non s'inquieta, non si lamenta, non cerca, ma ubbidisce ai medici, ai Superiori, e se ne sta tranquilla, tutta rassegnata nella divina volontà, è segno, che in lei vi è fondo di virtù. Ma che deve dirsi poi d'un infermo, che si lamenta, e dice ch' è poco assistito dagli altri? che le sue pene sono insopportabili? che non trova rimedio, che gli giovi? che il medico è ignorante; e talvolta si lagna ancora con Dio, che troppo calchi la mano? Racconta S. Bonaventura nella vita di S. Francesco (cap. 14) che stando il Santo travagliato straordinariamente da dolori, uno de' suoi Religiosi troppo semplice gli disse: Padre, pregate Dio, che vi tratti un poco più dolce, perché pare, che calchi troppo la mano. Ciò udendo S. Francesco, diede un grido, e gli rispose: Sentite: s'io non sapesse, che ciò, che dite, nasce da semplicità, non vorrei più vedervi, avendo voi ardito di riprendere i giudizi di Dio. E ciò detto, benchè molto debole, ed estenuato dal male, si buttò dal letto in terra, e baciandola, disse: Signore, io vi ringrazio di tutti i dolori, che mi mandate. Vi supplico a mandarmene più, e così vi piace. Il mio gusto è, che voi mi affliggiate, nè mi risparmiate punto, perché l'adempimento della vostra volontà è la maggior consolazione, che posso ricevere in questa vita.

A ciò bisogna anche ridurre la perdita, che tal volta noi soffriamo delle persone utili al nostro profitto, o temporale, o spirituale. L'anime divote spesso fanno gran difetti circa questo punto, non rassegnandosi alle divine disposizioni. La nostra santificazione non ci ha da venire dai Padri spirituali, ma da Dio. Vuol'egli già, che noi ci vagliamo de' Direttori per la guida dello spirito, quando ce li dà; ma quando ce li toglie, vuole che ce ne contentiamo, ed accresciamo la confidenza nella sua bontà, dicendo allora: Signore, voi me l'avete dato questo ajuto, ora me l'avete tolto, sia sempre fatta la vostra volontà; ma ora supplite voi, ed insegnatemi quel, che debbo fare per servirvi. E così similmente dobbiamo accettare dalle mani di Dio tutte l'altre croci, che ci manda. Ma tanti travagli, dite voi, sono castighi. Ma rispondo io, i castighi, che Dio manda in questa vita, non sono grazie e benefici? Se l'abbiamo offeso, dobbiamo soddisfare la divina giustizia in qualche modo, o in questa, o nell'altra vita. Perciò dobbiamo dir tutti con S. Agostino: *Hic ure, hic seca, hic non parcas, ut in aeternum parcas*: e col S. Giobbe; *Haec sit mihi consolatio, ut affligens me dolore non parcas.* (6.10) Dee pur consolarsi, chi s' ha meritato l'Inferno, in vedere, che Dio qui lo castiga, poiché ciò dee molto animarlo a sperare, che Dio voglia liberarlo dal castigo eterno. Diciamo dunque ne' castighi di Dio ciò, che diceva il Sacerdote Eli: *Dominus est, quod bonum est in oculis suis, faciat.* (Lib 2 Reg. 3.18)

Di più obbiamo star rassegnati nelle desolazioni di spirito. E' solito il Signore, quando un'anima si dà alla vita spirituale, di abbondarla di consolatiozioni, affin di slattarla dai gusti del mondo; ma poi quando la vede più fermata nello spirito, ritira la sua mano, per provare il di lei amore, e vedere se lo serve, ed ama senza paga qui in terra di gusti sensibili. *Mentre si vive* (dicea S. S. Teresa), *non consiste il gaudagno in procurare di godere più Dio, ma in fare la sua volontà.* Ed in altro luogo: *Non consiste l'amore di Dio in tenerezze, ma in servire con fortezza, ed umiltà.* Ed altrove: *Con aridità, e tentazioni fa pruova il Signore de' suoi amanti.* Ringrazi dunque il Signore l'anima, quando si vede accarezzata con dolcezzo, ma non si deve affliggere con impazienze, quando si vede lasciata in desolazione. Bisogna molto avvertir questo punto, perché alcune anime sciocche vedendosi aride, si pensano, che Dio l'abbia abbandonate, o pure, che non faccia per sees la vita spirituale; e così lasciano l'orazione, e perdono quanto han fatto. Non v'è più bel tempo di esercitare la nostra rassegnazione alla volontà di Dio, che il tempo dell'aridità. Io non dico, che voi non proviate pena in vedervi lasciata dalla presenza sensibile del vostro Dio; non più sensirsi una tal pena; nè può l'anima non lagnarsene, quando lo stesso nostro Redentore se ne lagnò sulla croce: *Deus meus, ut quid dereliquisti me?* (Matt. 22.46) Ma nella sua pena dee sempre tutta rassegnarsi nella volontà del suo Signore. Tutti i

Santi hanno patite queste desolazioni, ed abbandoni di spirito. Che durezza di cuore (dicea S. Bernardo) è quella che provo; non gusto più della lezione, non mi piace più il meditare, non più l'orare! Per lo più i Santi sono stati in aridità, non già in consolazioni sensibili. Queste il Signore non le concede, se non di rado, ed agli spiriti forse più deboli, acciò non arrestino nel cammino spirituale, le delizie, che son di premio, ce le prepara in Paradiso. Questa terra è luogo di merito, ove si merita col patire, il cielo è luogo della mercede, e del godere. Perciò in questa terra, non il fervore sensibile col godere, ma il ervore dello spirito col patire è quello, che han desiderato, e cercato i Santi. Diceva il V. Giovanni Avila (Audi fil. c. 26): *Oh quanto è meglio stare in aridità, e tentazioni colla volontà di Dio, che in contemplazione senza di quella!*

Ma dirai: S'io sapessi, che questa desolazione viene da Dio, mi starei contento; ma quel che mi affligge, e m'inquieta, è il timore, che venga per colpa mia, e per castigo della mia tepidezza. Bene; togli dunque la tepidezza, ed usa più diligenza. Ma forse perché stai in oscurità, vuoi perciò inquietarti, perciò lasciare l'orazione, e così far doppio il tuo male? Venga l'aridità per tuo castigo, come dici. Ma questo castigo, non te lo manda Dio? Accettalo dunque in castigo, a te ben degno, e stringiti colla divina volontà. Non dici tu, che ti meriti l'Inferno? ed ora perché ti lamenti? forse tu meriti, che Dio ti consoli? Eh via contentati del come Dio ti tratta; prosiegui l'orazione, e'l cammino intrapreso, e terni da oggi avanti, che i tuoi lamenti vengano da poca umiltà, e da poca rassegnazione alla volontà di Dio. Quando un'anima va all'orazione, non può cavarne maggior profitto, che unirsi alla volontà divina; onde rassegnati, e dì: Signore, io accetto questa pena dalle vostre mani, e l'accetto per quanto a voi piace; se volete ch' io stia così afflitto per tutta l'eternità io son contento. E così quell'orazione benchè penosa to gioverà più d'ogni più dolce consolazione.

Ma bisogna pensare, che non sempre l'aridità è castigo, ma alle volte disposizione di Dio per nostro maggior profitto, e per conservarci in umiltà. Acciocchè S. Paolo non s'invanisse de' doni ricevuti, il Signore permettea, che fosse tormentato da tentazioni impure. *Ne magnitudo revelationum extollat me, datus est mihi stimulus carnis meae, Angelus Sathanae, qui me colaphizet.* (1 Cor. 17.7) Chi fa orazione con dolcezze, non fa gran cosa. *Est amicus socius mensae, et non permanebit in die necessitatis.* (Eccl. 6.10) Voi non terrete per vero amico, chi solo vi accompagna nella vostra mensa, ma chi vi assiste ne' travagli, e senza suo utile. Quando Dio manda oscurità, e desolazione, allora prova i veri suoi amici. Palladio pativa gran tedio nell'orazione, andò a trovare S. Macario, e quegli gli disse: *Quando il pensiero ti dice, che lasci l'orazione, rispondigli: Io per amor di Gesù Cristo mi contento di star qui a custodire le mura di questa cella.* Questa dunque è la risposta, quando ti senti tentato a lasciar l'orazione; perché ti pare di perdervi il tempo, dì allora: Io sto qui per dar gusto a Dio. Dicea S. Francesco di Sales, che se nell'orazione altro non facessimo, che discacciare distrazioni, e tentazioni, pure l'orazione è ben fatta. Anzi dice il Taulero, che a chi persevera nell'orazione coll'aridità, Dio farà una grazia maggiore, che se avesse orato molto con molta divizione sensibile. Narra il P. Rodriguez d'un certo, il quale dicea, che in quaranta anni d'orazione non avea mai provata alcuna consolazione, ma che ne' giorni che la facea, si sentiva forte nelle virtù; quando all'incontro la lasciava, in quel giorno provava una tal debolezza, che lo faceva inetto ad ogni cosa di buona. Dicono S. Bonaventura e' l Gersone, che molti servono più Dio col non avere il raccoglimento desiderato, che se l'avessero, perché così vivono più diligenti, e più umiliati; altrimenti forse s'invanirebbero, e sarebbero più tepidi, pensando d'aver già trovato ciò, che cercavano. E quel, che dicesi dell'aridità, dicesi ancora delle tentazioni. Dobbiamo noi procurare di schivar le tentazioni; ma se vuole Dio, o permette, che noi siamo tentati contro la fede, contro la purità, o contro altra virtù, non dobbiamo lamentarci, ma anche in ciò rassegnarci al divino volere. A S. Paolo che pregava d'esser liberato dalla tentazione d'impurità, rispose il Signore: *sufficit tibi gratia mea*. E così anche noi, se vediamo, che Dio non ci esaudisce in esimerci da qualche tentazione molesta, diciamo: Signore, fate voi, e permettete quel che vi piace, mi basta la vostra grazia; ma assistetemi, acciò non la perda mai. Non le tentazioni, ma il consenso alla tentazione, ci fa perdere la divina grazia. Le tentazioni quando le discacciamo, ci mantengono più umili, ci acquistano più meriti, ci fan ricorrere più spesso a Dio, e così ci conservano più lontani dall'offenderlo, e più ci uniscono al suo santo amore.

Finalmente bisogna, che ci uniamo colla volontà di Dio circa il punto della nostra morte, e per quel tempo, ed in quel modo, che Dio la manderà. S. Geltrude (l. 1. Vita c. 11) salendo un giorno una collina, sdrucciolò, e cadde in una valle. Le dimandarono poi le compagne, se avesse avuto paura di morire senza Sagramenti? Rispose la Santa: Io desidero molto di morire coi Sagramenti, ma fo più conto della volontà di Dio, perché tengo la miglior disposizione, che possa aversi a ben morire, sia di sottoporsi a ciò, che Dio vorrà; perciò io desidero qualunque morte, che piacerà di darmi al mio Signore. Narra S. Gregorio ne' suoi Dialoghi (l. 3. c.37), che i Vandali avendo condannato a morire un certo Sacerdote chiamato Santolo, gli diedero poi facoltà di scegliersi qual sorta di morte volesse; il santo uomo ricusò di eleggere, ma disse: Io sono nelle mani di Dio, e riceverò la morte, ch' egli permetterà, che voi mi facciate soffrire, nè io voglio altra, che quella. Quest' atto piacque tanto al Signore, che avendo quei barbari determinato di farli tagliar la testa, fè arrestare il braccio del carnefice, e con tal miracolo quelli si piegarono a concedergli la vita. Circa dunque il modo, quella per noi dobbiamo stimate la miglior morte, che Dio ci avrà determinata. Savateci Signore (diciamo sempre, allorchè pensiamo alla nostra morte), e poi fateci morire, come a voi piace.

Così ancora dobbiamo uniformarci al quando del nostra morte. Cos' è questa terra, se non una carcere dove stiamo a patire, ed in pericolo di perdere Dio ogni momento? Questo facea gridare a Davide: *Educ de custodia animam meam.* (Ps. 141.8) Questo timore facea sospirare la morte a S. Teresa, la quale sonando l'orologio, tutta si consolava, pensanso, ch' era passata un'ora della sua vita, un'ora di pericolo di perdere Dio. Diceva il P. M. Avila, che ognuno il quale si trovasse con mediocre disposizione, dee desiderar la morte per ragion del pericolo, in che si vive di perder la divina grazia. Che cosa più cara, e più desiderabile, che con una morte assicurarci di non potere più perdere la grazia del nostro Dio? Ma io, tu dici, non ho fatto niente ancora, niente ho acquistato per l'anima. Ma se Dio vuole, che ora termini la vata, che faresti appresso, se viveresti contro la volontà di Dio? E chi sa se allora faresti quella morte, che ora puoi sperare di fare? Chi sa se mutando volontà, cadresti in altri peccati, e ti danneresti? E poi s' altro non fosse, vivendo non puoi vivere senza peccati, almeno leggieri. *Cur* (dunque asclamava S. Bernardo) *cur vitam desideramus, in qua quanto amplius vivimus, tanto plus peccamus?* (Med. c.8) Ed è certo, che più dispiace a Dio un solo peccato veniale, che non gli piacciono tutte le opere sante, che noi possiamo fare.

Dico di più, chi poco desidera il Paradiso, dà segno di poco amore a Dio. Chi ama, desidera la presenza dell'amato; ma noi non possiamo vedere Dio, se non lasciamo la terra; e perciò tutti i Santi han sospirata la morte, per andare a vedere il loro amato Signore. Così sospirava S. Agostino. *Eja moriar, ut te videam.* Così S. Paolo: *Desiderium habens dissolvi, et esse cum Cristo* (ad Philip. 1.28) Così Davide: *Quando veniam et apparebo ante faciem Dei?* (Psal. 41.3) E così tutte l'anime innamorate di Dio. Narra un Autore (Flores Enrel. Graul. 4. c. 68) che andando un giorno un Cavaliere a caccia in una selva, udì un uomo, che dolcemente cantava; s'inoltra, e trova un povero lebbroso mezzo fracido; gli dimanda s' egli era, che cantava? Sì (rispose quegli), io sono, signore, quello, che cantava. E come mai puoi cantare, e star contento con tanti dolori, che ti van togliendo la vita? Rispose il lebbroso: Fra Dio, Signor mio, e me non v'è altra cosa di mezzo, che questo muro di fango, che è questo mio corpo; tolto via questo impedimento, anderò a godere il mio Dio. E vedendo io, che ogni giorno mi si va disfacendo a pezzi, mi rallegro, e canto.

Per ultimo anche ne' gradi di grazia, e di gloria bisogna, che noi ci uniformiamo al divino volere: dobbiamo sibbene stimare le cose di gloria di Dio, ma più la sua volontà: dobbiamo desiderare d'amarlo più de' Serafini, ma non dobbiamo poi volere altro grado d'amore, se non quello, che il Signore ha daterminato di donarci. Dice il P. M. Avila (Audi filia c.12): *Io non credo, che vi sia stato Santo, che non abbia desiderato d'esser migliore di quello, ch'era; ma ciò non togliea loro la pace, perché non lo desideravano per propria cupidità, ma per Dio, della cui distribuzione si tenevano contenti, benchè avesse dato loro meno: stimando per vero amore più il contentarsi di quel che Dio dava loro, che' l desiderare di aver molto.* Il che viene a dire, come spiega il P. Rodriguez (trat. 8. c. 30), che sebbene dobbiamo noi esser diligenti nel procurar la perfezione per quanto possiamo, affinchè non ci serva di scusa la propria tepidezza, e pigrizia, come fanno alcuni con dire: Dio me l'a da dare: io non posso più, che tanto; nondimeno quando poi manchiamo, non dobbiamo perder la pace, e la conformità alla volontà di Dio in aver permesso il nostro difetto, nè perderci d'animo; alziamoci subito allora da quello: umiliandoci col pentimento, e cercando maggior ajuto dal Signore, proseguiamo il cammino. Così parimente, ancorchè ben possiamo desiderare di giunger in cielo al coro de' Serafini, più gloria a Dio, e per maggiormente amarlo; dobbiamo noi però rassegnarci al suo santo volere, contentandoci di quel grado, che si degnerà di darci per sua misericordia.

Sarebbe poi un difetto troppo notabile il

desiderare di aver doni di orazione sovranaturale, e precisamente d'estasi, visioni, e rivelazioni; che anzi dicono i maestri di spirito, che quelle anime, le quali son favorite da Dio di simili grazie, debbono pregarlo a privarnele, acciocchè l'amino per via di pura fede, ch' è la via più sicura. Molti sono giunti alla perfezione senza queste grazie sovranaturali, le sole virtù son quelle che sollevano l'anime alla santità, e principalmente l'uniformità alla volontà di Dio. E se Dio non vuole innalzarci a grado sublime di perfezione, e di gloria, conformiamoci in tutto al suo santo volere, pregandolo che ci salvi almeno per la sua misericordia. E facendo così, non sarà poca la mercede, che per la sua bontà ci donera il nostro buon Signore, il quale ama sopra tutto le anime rassegnate.

In somma dobbiamo mirar tutte le cose, che ci accadono, e ci avranno da accadere, come procedenti dalle divine mani. E tutte le nostre azioni dobbiamo indrizzarle a questo solo fine, di far la volontà di Dio, e farle solo perché Iddio le vuole. E per andare in ciò più sicuri, bisogna, che dipendiamo dalla guida de' nostri Superiori in quanto all'esterno, e dai Direttori in quanto all'interno, per intender da essi ciò che vuole Dio da noi; avendo gran fede alle parole di Gesù Cristo, che ci ha detto, *Qui vos audit, me audit*. (Luc. 10. 16) E sopra tutto attendiamo a servire Dio per quella via, per cui vuole Dio esser da noi servito. Dico ciò, affinchè evitiamo l'inganno di taluno, che perde il tempo a pascersi col dire: Se stassi in un deserto, s'entrassi in un Monastero, se andassi in altro luogo fuori di questa casa, lontano da questi parenti o compagni, mi farei santo, farei le tali penitenze, farei tanta orazione. Dice, farei, farei; ma frattanto, soffrendo di mala volgia quella croce, che Dio gli manda, in somma non camminando per quella via, che vuole Dio, non si fa santo, anzi va di male in peggio. Questi desideri alle volte son tentazioni del demonio, poiché non saranno secondo la volontà di Dio, onde bisogna discacciarli, ed animarci a servire il Signore per quella sola strada, che egli ci ha eletta. Facendo la sua volontà, certamente ci faremo santi in ogni stato dove il Signore ci pone. Vogliamo dunque sempre solo quel che vuole Dio, che facendo così, egli ci stringerà al suo cuore; ed a tal fine facciamoci familiari alcuni passi della Scrittura, che c' invitano ad unirci sempre più colla divina volontà. *Domine, quid me vis facere?* Dio mio, ditemi, che volete da me, ch' io tutto tutto voglio farlo? *Tuus sum ego, salvum me fac.* (Ps. 18.94) Io non sono più mio; son vostro, o mio Signore, fatene di me quel che volete voi. Quando specialmente ci avviene qualche accersità più pesante, morte di parenti, perdita di bene, e simili: *Ita Pater* (diciamo sempre), *ita Pater, quoniam sic fuit placitum ante te.* (Matt. 11.26) Sì Dio mio, e Padre mio, così sia fatto, perché così è piaciuto a voi. Sopra tutto ci sia cara l'orazione insegnataci da Gesù Cristo: *Fiat voluntas tua sicut in caelo, et in terra.* Disse il Signore a S. Caterina da Genova, che sempre chè dicesse il *Pater noster*, particolarmente sifermasse su queste parole, pregando, che la di lui santa volontà si adempisse in essa, colla stessa perfezione, con cui la fanno i Santi in cielo. Facciamo così ancora noi, e ci faremo certamento santi.

*Sia sempre amata, e lodata la divina volontà, e la B. Vergine Maria immacolata.*

# BREVE DOTTRINA CRISTIANA

Cristiano mio, impara bene a memoria questi misteri della tua santa fede, e le cose necessarie per ben confessarti e comunicarti. E dopo averle imparate bene, contale in casa tua ed insegnale agli altri. Così darai gran gusto a Gesù Cristo; e tu con poca fatica partecipi e guadagni di tutto il bene che altri poi fanno per mezzo tuo.

Per salvarti non basta essere cristiano per mezzo del battesimo che hai ricevuto; ma bisogna che sappi i misteri della fede, che osservi la legge di Dio e i precetti della chiesa, e che riceva bene i ss. sagramenti.

I

Hai da credere che vi sia un solo Dio e che Dio è onnipotente: cioè, ha creato il cielo, la terra, gli angioli, gli uomini, te, tutte le cose. Dio è immenso: cioè sta in cielo, in terra, e in ogni luogo. Dio è giusto: punisce chi fa male e premia chi fa bene: manda all'inferno chi muore in peccato mortale, e dà il paradiso a chi muore in grazia sua.

Hai da credere nella ss. Trinità: cioè che quest'essere di Dio infinito, eterno, onnipotente, immenso, giusto, si trova in tre persone divine, che si chiamano Padre, Figliuolo, e

Spirito santo, tre persone e un solo Dio. Hai da credere che il Figliuolo di Dio, cioè la seconda persona della ss. Trinità, si è fatt'uomo nel ventre purissimo di Maria Vergine per opera dello Spirito santo, è nato bambinello in una stalla, e morto in croce per salvare le anime nostre, e si chiama Gesù Cristo, vero Dio, e vero uomo. Il quale, dopo morto il terzo giorno è risuscitato, poi ascese al cielo e siede alla destra del Padre: e nel giorno del giudizio universale ha da venire a giudicare tutto il mondo: e manda all'inferno in anima e corpo chi è morto in peccato mortale: e porta in paradiso in anima e corpo chi è morto in grazia sua. Hai da credere che Gesù Cristo ha istituiti i ss. sagramenti, per mezzo de' quali ci perdona i peccati, e ci santifica le anime: applicandoci i suoi meriti, e l'efficacia del suo prezioso sangue.

E tutte queste cose di fede le hai da credere fermamente, non perché te le insegna il sacerdote, ma perché Gesù Cristo le ha insegnate alla chiesa, e poi la santa chiesa le insegna a noi. E questa santa chiesa è il papa che insegna a tutti i fedeli: o i sagri pastori col papa lor capo.

## II

Hai da sperare il perdono de' tuoi peccati, la grazia di Dio, la buona morte e la gloria del paradiso. E questa speranza si fonda nelle promesse di Dio nel sangue di Gesù Cristo, e nella divina misericordia infinita. Ma avverti che per salvarti, non basta solo sperare, bisogna insieme vivere da cristiano, e sperare nel tuo Dio.

# III

Hai da amare il Dio tuo, il padre tuo, il creator tuo, il redentor tuo, Gesù Cristo, sopra tutte le cose, e il prossimo come te stesso. E devi amare Dio perché è degno d'essere amato: e il prossimo tuo (cioè tutte le genti del mondo), perché Dio vuole che lo ami: ti sia amico o nemico, conoscente o non conoscente; si deve amare per amore e per ordine di Dio. I precetti della legge di Dio sono dieci: ma si riducono a questi due. Amare Dio sopra ogni cosa: cioè stimar più l'onor di Dio, la legge di Dio, la volontà di Dio, che le ricchezze, i parenti, gli onori, la stessa vita tua.

E il prossimo come te stesso: cioè: Quel male che non vuoi per te, non fare ad altri; quel bene che vuoi per te, desidera e fa ad altri. Tratta gli altri come vuoi essere tu trattato da loro e da Dio. Se ciò fai, ti salverai.

Ricordati, e di': Io credo le cose di Dio perché me le ha insegnate la s. chiesa. Io spero ogni bene perché Dio me l'ha promesso. Io amo Dio, perché Dio è degno d'essere amato.

## IV

Di più ti devi confessar bene: perché se muori in peccato mortale, vai all'inferno. E la chiesa ti comanda di confessarti almeno una volta l'anno, da che entri nell'uso della ragione, dai sette anni. Per confessarti devi sapere che la confessione è uno de' sette sagramenti istituiti da Gesù Cristo: per mezzo del quale, coll'assoluzione del confessore, Gesù Cristo applicando alle anime il suo prezioso sangue, perdona tutti i peccati a chi si confessa bene. E per confessarti bene.

1. Devi pensare tutti i peccati di pensieri,

parole, opere, e omissioni che hai commessi dall'ultima confessione da te ben fatta.

2. Prima di confessarti devi pentirti con tutto il cuore di tutti i peccati commessi: deve dispiacerti il peccato sommamente, più d'ogni male: o perché t' hai meritato l'inferno, o perché t' hai perduto il paradiso: o meglio, perché hai offeso il tuo Dio, sommo bene, bontà infinita, degno d'essere amato.

3. Devi promettere a Dio, di non commettere più peccato mortale, e più tosto morire che offenderlo: e devi fuggire le occasioni, che ti fanno spesso cadere in peccato.

4. Devi dire tutti i peccati che ti ricordi al confessore; di pensieri, di parole e d'opere, e quante volte hai commesso quei peccati mortali: e se ne lasci anche uno solo volontariamente, per malizia, per vergogna o rossore, la confessione non è buona, Dio non ti perdona nessun peccato, commetti un sacrilegio, e sei più maledetto e più nemico di Dio, che non eri prima di confessarti. O quante anime poverelle, per timore e vergogna lasciano di dire i

brutti peccati al confessore, commettono i sacrilegi, e vanno dannate!

5. Devi fare la penitenza che ti dà il confessore, subito che puoi: e farla bene.

## V

*D*evi ancora comunicarti, da che cominci ad essere di dieci anni in circa. E per comunicarti bene, devi sapere:

1. Che la comunione è uno de' sette sagramenti istituiti da Gesù Cristo.

2. Che Gesù Cristo, vero Dio, e vero uomo, si trova in anima, corpo, e divinità nell'ostia consegrata ed in ogni particella di quella.

3. Che quando ti comunichi devi stare in grazia di Dio, levando il peccato mortale dall'anima con una buona confessione.

4. Devi essere affatto digiuno e nemmeno

puoi inghiottire un poco di carta, dalla mezza notte fino a che ti comunichi.

5. Se stessi in peccato mortale, e sapendolo ti comunichi, senza prima ben confessarti; o ti comunichi dopo aver mangiato; o ti comunichi più volte in una mattina (eccetto se la seconda volta fosse per viatico); ricevi Gesù Cristo, ma non ricevi la grazia di Gesù Cristo, né soddisfi al precetto pasquale, e commetti un orribile sacrilegio. Dio te ne guardi!

6. Nel comunicarti, non devi toccar colle dita l'ostia consegrata che si attaccasse al palato: ma ne la farai calare colla saliva, o con un sorso d'acqua: e dopo la comunione non sputare prima d'un quarto d'ora in circa.

7. Prima della comunione devi pensare a Gesù Cristo e far atti divoti; e dopo la comunione trattienti almeno un terzo d'ora a ringraziare ed a pregare Gesù Cristo.

Copyright © 2024 / Alicia Éditions

Design : Canva.com

ISBN Ebook 9782384554799

ISBN Copertina flessibile 9782384554805

Tutti i diritti riservati

www.ingramcontent.com/pod-product-compliance
Lightning Source LLC
LaVergne TN
LVHW040200080526
838202LV00042B/3248